I0644285

The World of
TOBIMATSU SHOICHIRO
100 WRITING & CRAFTING PAPERS

トビマツショウイチロウの世界
100枚レターブック

はじめに

こんにちは。イラストレーターのトビマツショウイチロウです。

このレターブックには、日々の暮らしのなかでふと浮かんだ妄想や、日常から生まれたアイデアをもとに描いたイラストを100点収録しています。

現実には存在しない組み合わせだけれど、絵にするとなんだか可愛かったり、「なんだこれ?」と思わずクスッと笑ってしまうようなものまで、いつものやわらかい線と淡く静かな色合いで描きました。ページをめくるごとに、ゆるやかな季節の流れも感じていただけると思います。

100枚の紙に、小さな展覧会をぎゅっと詰め込むような気持ちでつくった一冊。お手紙として使うのはもちろん、コラージュやデコレーションなど、アイデア次第でいろいろ楽しめます。

この本が、皆さんにとっての「とっておきの一冊」になればうれしいです。

トビマツショウイチロウ
宮崎県出身、名古屋在住のイラストレーター。
イベントやPOPUP、個展を中心に、国内外で精力的に活動中。
パン屋や喫茶店のイラストも手がける。
独学で学んだイラストは、活動初期から一貫してアナログ表現にこだわっている。

Foreword

Welcome to this collection of "Writing & Crafting Papers" illustrated by me, Tobimatsu Shoichiro.
The book contains 100 illustrations inspired by the motifs that pop into my mind throughout the day, as well as ideas born from the tasks of daily life.
Using the lightest of lines and soft, soothing colors, I bring together items and ideas that don't normally coexist—but in a sketch, they become so charming that they spark curiosity and an unexpected chuckle. As you flip through the pages, may you also find joy in the flow of the seasons.
My goal was to fit an entire solo exhibition into a single volume offering 100 uniquely creative sheets. The next step is up to your imagination! Enjoy these sheets for everything from writing paper to collages, decorations...and beyond!
I hope this book becomes a favorite for everyone who discovers it.

Tobimatsu Shoichiro
Born in Miyazaki Prefecture, the illustrator currently lives in Nagoya. Tobimatsu is active both in Japan and abroad, focusing on events, pop-ups, and solo exhibitions. He is especially fond of illustrating bakeries and cafes. A self-taught artist, Tobimatsu has stayed true to his uniquely analog style since the beginning of his artistic endeavors.

楽しみ方は自由自在。
手紙もラッピングも手帳デコも
いろいろ楽しめます。

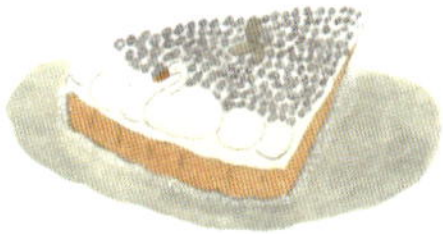

便せんや封筒として使ったり、絵柄を切り抜いてシールや宛名ラベル、カードにしたり。
アイデア次第でいろいろ楽しめます。

小さな缶や小箱を包んでみたり、ころんとかわいいキャンディの形に
ラッピングしたりするのもおすすめ。贈り物が心温まるものになりますよ。

手帳をもっと自分らしく♪　絵柄を切り抜いて貼って、
マスキングテープやスタンプでかわいくデコれば、自分だけの特別な一冊になります。

いろいろなタイプの額にお気に入りを入れて、いくつか並べて飾ると、とってもすてき！
色合いがふわりと馴染んで心地よい空間になります。

Illustration Index

日々すこしずつ描いてきたイラストを 100 点並べました。どの絵にも小さなこだわりや裏話があって、自由に楽しんでいただけたらうれしいです。

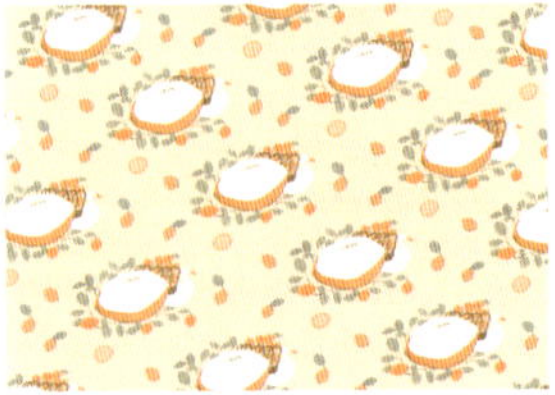

1. レモンケーキとスワン

レモンケーキの形がスワンに似ているという発想から生まれたデザインで、春らしい色合いで仕上げました。

2. frame だらけ

額と中の絵は別描きですが、組み合わせる時は額装するような気分でした。

3. カメラと戯れる動物たち

スワンが飛び出すカメラや、ケーキを狙う猫などちょっと不思議な世界を描きました。

4. にぎやかなテナントビル

巾着の全面プリント企画で浮かんだビル。窓越しに見える店の様子を描きました。

5. ウミネコだって落ち着いて食べたい

フェリーから見たウミネコの大群に「たまには落ち着いて食べたいよね」と思い、停まっている船の絵として描きました。

6. 海と風とピクニック 2025

理想のピクニックを思い描き、ドライフラワーが吊るされた、かわいい切り株のステージを描きました。

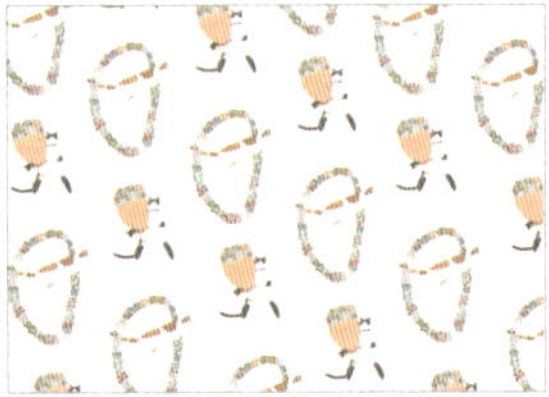

7. 花束と猫

花束やリースを添えるだけで、猫にお祝いされているような一枚。猫好きの友人にも贈ってほしいイラストです。

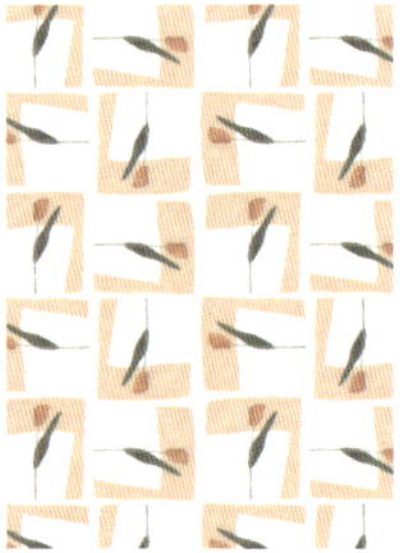

8. チューリップの栞

チューリップを栞に見立てた作品です。向きを変えても馴染むのは自分の絵では珍しいかも。

9. 苺のミルフィーユとスワン

苺のケーキをどうしても食べたい！と思った 1 月に描いた作品で、そのときの気持ちのまま仕上げています。

10. カップケーキアニマル

ぷっくりしたカップケーキが動物の顔になったらかわいいかも、と描きました。パグの口元はクッキーになっています。

11. シャボン玉とスワン
淡い色のシャボン玉の上でくつろぐスワン。消えてしまいそうな淡い色合いの再現には、とても苦労しました。

12. 燕と花のパッチワーク
別々に描いた絵を重ねてつなげた作品。貼る順で立体感が変わるのがおもしろかったです。

13. 顔が隠れてしまうくらいミモザが好き
毎年3月、ミモザを見つけるとつい手が伸びてしまう――そんな春の花屋での自分を描きました。

14. 猫の花束
猫好きの友人にぜひ贈ってほしい、猫自身が花束になったような作品です。愛らしさをそのまま詰め込みました。

15. 春の額縁
今まで描いてきた作品は春をテーマにしたものが多く、今回新たに額装して楽しみました。一枚ずつ切り離せば、小さなメッセージカードになります。

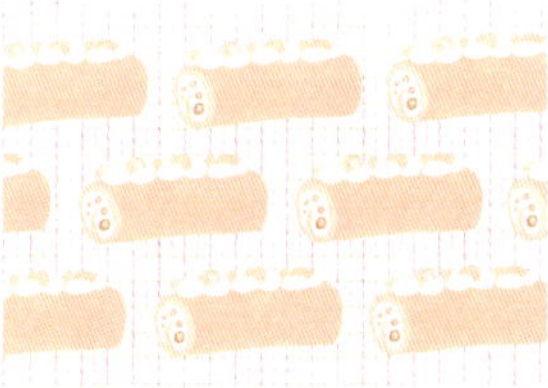

16. 苺ロールケーキとスワン
苺のロールケーキの上に飾った生クリームがスワンに見えて、かわいらしさを感じながら仕上げたデザインです。

17. レモンタルトとスワンのパッチワーク
イエローを中心に、さまざまな模様をパッチワークのようにつなぎ合わせ、やわらかな雰囲気の構成にしました。

18. 苺ショートケーキとスワン
苺のショートケーキの生クリームをスワンに見立てたデザインで、思いついた瞬間の楽しさをそのまま描きとめています。

19. フルーツアイスバーを滑るスワン親子
フィギュアスケートのペアを観戦中に思いついた作品。こだわりの霜が積もったフルーツアイスバーが主役です。

20. みんなでかき氷
セルフでかき氷をつくるペンギンと、味くらべを楽しむスワンたちの夏のひとコマです。中央で折ると、二つ折りのカードに。

21. 贅沢なメロンの食べ方
宝石みたいにくり抜いたメロンの粒や果汁をストローで味わう、そんな贅沢な食べ方を描いた作品です。

22. 白い動物のクリームソーダ
シロクマ、アザラシ、ホッキョクウサギをクリームソーダのアイスに見立てて表現した作品で、動物たちの涼やかな雰囲気を楽しめます。

23. スワンとデザート
デザートの絵にはギンガムチェックやストライプがよく似合うので、仕上げに組み合わせて使うことが多いです。

24. メロンケーキとスワン
メロンのケーキはメロンが旬の時期がよりおいしいので、季節に合わせて楽しみたいですね。

25. メロンパフェとスワン
住宅街の地図みたいな模様のメロンの皮に着目し、シンメトリー構図で描いたメロンパフェです。

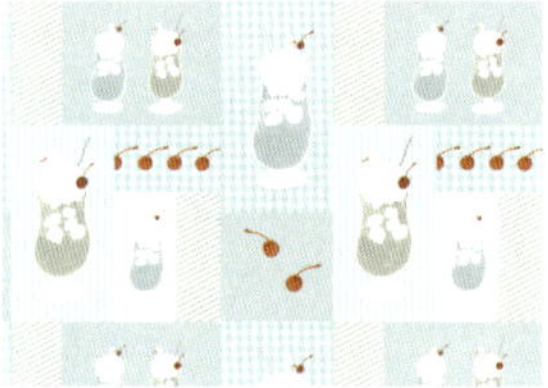

26. クリームソーダとスワンのパッチワーク
クリームソーダのアイスをスワンに見立てた、夏らしい爽やかなパッチワーク風のイラストです。

27. 夏祭り
夏祭りをテーマに、ヨーヨーやかき氷、アイスを白シャツに散らすように配置した柄が気に入っています。

28. おめでとうのバラ
「おめでとう」をテーマに、動物たちがバラと一緒にうれしそうに描かれている、楽しい雰囲気の一枚です。

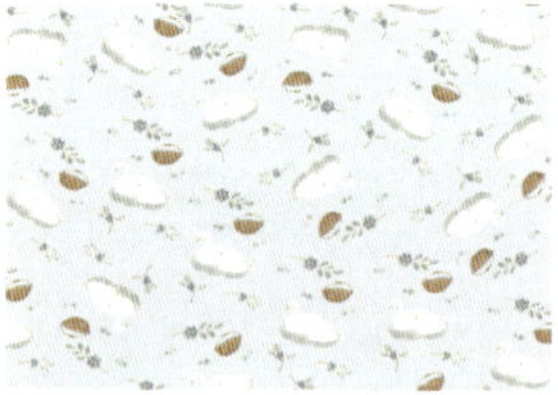

29. ブルーベリーとスワン
ブルーベリーと泳ぐスワン親子がちりばめられた、爽やかな夏を感じる総柄のデザインです。

30. 桃のパフェとスワン
桃のグラデーションは水を多く含ませた絵の具で、少しずつ桃色を垂らしながら丁寧に描きました。中央で折ると、二つ折りのカードになります。

31. my favorite flower

石鹸屋さんの包装紙と手ぬぐい用に、店主に好きな花を伺って構成しました。全体的にシックな雰囲気がお気に入りです。

32. カルガモのお引越し

毎年６月頃の「カルガモのお引越し」に感動し、翌日に描いた一枚です。涙が出るほど心を打たれました。

33. 無花果パフェとうさぎ

無花果（いちじく）は好きな果物ベスト３に入ります。短い旬と複雑な色味に惹かれ、描くのも楽しいモチーフです。

34. 無花果タルトとスワン

無花果の季節はケーキやタルトを見つけるとつい頼んでしまいます。アンバランスな無花果を運ぶスワンがアクセントです。

35. すずらん美容室

美容室のスチーマーがすずらんに見えたことから生まれた「すずらん美容室」。髪が短そうなスワンに必要？という遊び心も添えています。

36. Happy Birthday

意外と描いたことがなかった誕生日の絵。苺をふんだんに使ったホールケーキと飾りを楽しむスワンが主役です。

37. スワンと季節のデザート

スワンと季節のデザートをパステルカラーのタイル風に並べた、眺めて楽しい一枚。

38. プリンアラモードとスワン

プリンアラモードの果物を流れるようにつなげて描いた、包装紙用のにぎやかなデザインです。

39. 海と風とピクニック 2024

海辺の雰囲気に合わせて、カモメを主役に気球やオーナメント、ボートなどに楽しく変身させて描きました。

40. 紫陽花とスワン

お花の中で一番好きな紫陽花。紫ならではの美しさが出せて、スワンが水やりする姿も気に入っています。

41. 紫陽花と白馬

現実ではなかなか見られませんが、好きな白馬と紫陽花の組み合わせを、窓辺の光景として描きました。

42. ロール商店街

イラストが連なる横長のロールふせん。その並びをテナントに見立て、商店街をテーマに描き下ろしました。二つ折りにして使うと楽しい。

43. 干されてる間はつらい

普段は大切にされているぬいぐるみの、雑に干されている姿とのギャップにクスッとして描いた一枚です。

44. 人気パン屋の行列

普段は行列が苦手でも、パン屋には並べる――そんな自分を動物たちで表現してみました。

45. 抹茶パフェと猫

和パフェを描くのは意外と初挑戦。抹茶と毛色の渋い猫との相性が良く、新鮮な発見がありました。

46. 珈琲とスワン

「カフェオレのおいしい店」が、喫茶店選びの必須条件。モーニングで飲んだおいしい思い出を描きました。

47. ラテアートとスワン

湖をイメージしたラテにスワンを描いたラテアート。周囲のドライフラワーは湖畔の植物を表現しています。

48. ぶどうケーキとスワン

ぶどうケーキのまわりを、スワンがソースで楽しくデコレーションしている様子を描いたかわいい一枚です。

49. ういろうの街

初めて描いたういろうのイラスト。並べてみると街並みに見え、住人たちが楽しげにおしゃべりする雰囲気になりました。

50. サヴールさんの洋菓子とスワン

洋菓子店のパッケージ用に描いた絵です。洋菓子と戯れるスワンが、甘く楽しいひとときを運んでくれます。

51. サヴールさんのキャラメルマロンと古道具

50.と同じ洋菓子店のパッケージ用に描いたもので、蚤の市をテーマに栗の焼き菓子を合わせ、背景の花柄は色の上に線を重ねています。

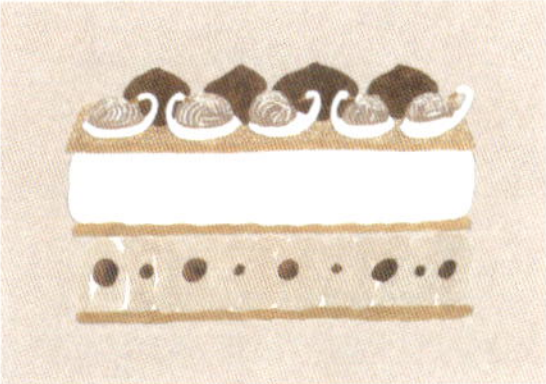

52. マロンミルフィーユとスワン

栗のミルフィーユの上には、クリームに見立てたスワンの背中に栗がちょこんと並び、ほっこりした世界が広がっています。

53. アップルパイとスワン

アップルパイをモチーフに総柄を描いた作品で、四角の四隅に配したリンゴがアクセントになっています。

54. アップルパイの森

お皿の上に広がる森とアップルパイで小さな世界を表現。隙間には12棟の家が並ぶ構想です。

55. 秋めぐる展

「秋」は一番好きな季節。そんな想いを込めて、秋色をふんだんに使って描いた個展用の作品です。4つに切り離して、メッセージカードとしても使えます。

56. ビスケットにオン

ビスケットに乗った動物たちを描いた、横並びが楽しいイラスト。切って使えばテープ風にも楽しめます。

57. 観光バスでおでかけ

二階建ての観光バスに乗る猫たち。ギリギリで駆け込んだ1匹も無事合流し、目的地へ出発です。

58. illustlake

個展「illustlake」展から生まれ、多くのグッズとなって長く愛されている作品です。

59. パンケーキでくつろぐクマ

ふわふわパンケーキの上でくつろぐ姿を描きました。パンケーキの間は、メモを書けるように空けたという小さな制作秘話もあります。

60. クマ倶楽部

クマのイラストだけを集めた「クマ倶楽部」。革靴に入ったり、子供を寝かしつけたり、花瓶になったりと、ユーモアあふれる姿が並びます。

61. クッキーとクマのリース

クッキーとクマの色が似ているという発想から生まれたリースで、実物があったらかわいいだろうなぁと妄想しています。

62. 蚤の市でみつけた猫のぬいぐるみ

蚤の市にありそうな猫のぬいぐるみをイメージし、古道具と合わせました。猫脚の家具や鏡、カップも猫モチーフ。

63. 星屑あつめ

星屑を集める動物たちのイラストです。手帳用の吹き出しは、カットして自由なアレンジで使えそうです。

64. スタンプが楽しくなる図案

スタンプを自由にアレンジできる絵をよく描いています。皆さんが実際に組み合わせて使ってくださるSNSの投稿を見るのが密かな楽しみです。

65. 文具とクマ

シーリングスタンプやガラスペンの総柄をクマとともに描きました。ガラスペン置きのスワンがお気に入りです。

66. にぎやかなテナントビル 2

4.と裏表の柄になるデザインで、巾着の全面プリント企画から生まれたビルのテナント風景です。外から眺めているようなイメージ。

67. ドライフラワーと珈琲

ドライフラワーを描く時は必ず同じベース色を混ぜています。共通の色を使うことで、時間の経過まで表現できる気がしています。

68. お菓子になった猫

実在する2匹の猫（すももとドリアン）をお菓子と一緒に描いた作品です。この2匹を描いてから、猫を描く機会が増えました。

69. 猫たちのお茶会

夜遅くに集まる野良猫たちがまるでお茶会をしているように見えたことから描いたイラストです。ちゃんと5匹分のカップも用意しています。

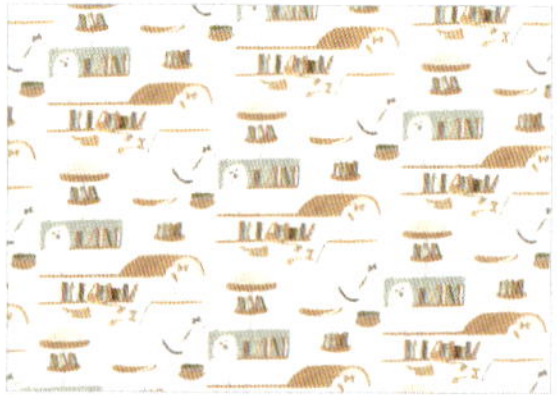

70. キャットタワーの本棚

ゴージャスなキャットタワーが本棚に見えてきて、融合させて描いたイラストです。本も読める猫カフェがあれば一日中いられそう。

71. フランス発祥のお菓子と戯れる猫

フランス発祥の洋菓子のまわりで、猫のすももとドリアンが楽しそうに戯れる様子を描いた、愛らしい一枚。

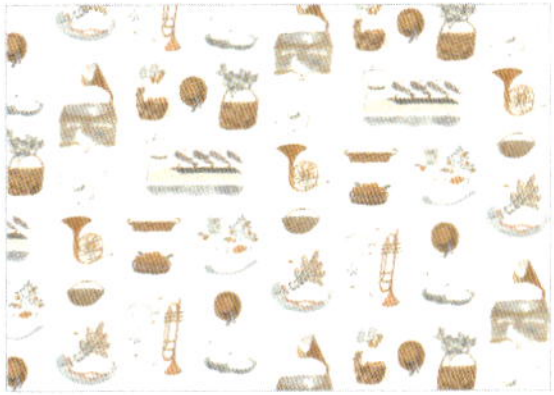

72. トリとカゴ

つい描きたくなる鳥と、定期的に描きたくなるカゴのイラストを集めました。管楽器と鳥は相性が良いなぁと描くたびに思います。

73. はじめてのハロウィン

「100枚レターブック」で初めて「ハロウィン」を描きました。季節のイベントはこれまで描いてこなかった分、とても楽しくてハマッてしまうかも。

74. ブッシュ・ド・ノエルに乗ったスワン

ブッシュ・ド・ノエルの上に、小さなクリスマスの世界が広がり、物語が始まるような温かな情景を描きました。中央で折ると、二つ折りのカードに。

75. lien ～リアン～

つながりをテーマに、ツリーから伸びる一本のリボンが巡る絵です。大きな一枚絵だったので、日にちをかけて仕上げました。

76. ピスタチオケーキとスワン

ピスタチオカラーのケーキの上で、生クリームのスワンたちが楽しげにおしゃべりしている、ほっこりかわいい世界を描いた一枚です。

77. チョコレートフォンデュになった猫

バイキングで見たチョコレートフォンデュタワーから、黒猫になる物語を思いついて描きました。別の動物バージョンもつくってみたいです。中央で折ると、二つ折りのカードに。

78. エクレアとスワン

無性に食べたくなるエクレアを描いた作品で、中のクリームをふんわりとスワンに見立てた遊び心あふれる表現にしています。

79. リボンが大きすぎたクマ

たまに、あえてアンバランスに描くこともありますが、リボンとクマの組み合わせは特に絶妙で、とても良い相性だと感じました。

80. デザートの祭典

デザート×動物を描き始めた初期の原画を集めました。無限に広がる組み合わせの世界に入り込み、考えるたびに新しい発見があります。

81. ぺたぺたコラージュ

お礼のお手紙を書くためにまとめた一枚。さまざまな時期の絵をコラージュのように集める作業も大切だと感じた瞬間でした。

82. 編み物をする動物たち

冬の贈り物のために編み物をする動物たちを描きました。真剣なまなざしをイメージして仕上げています。

83. バレンタインデーとチョコレートのクマ

初めて描いた「バレンタインデー」。赤やハートは元気をくれます。ホワイトチョコのクマや、プレゼントボックスのクマがお気に入り。

84. 雪だるまの住民たち

小学生以来の雪だるまのイラスト。動物モチーフのニット飾りで一体感を出し、好きな冬のグレーを背景色に選びました。

85. シロクマとクリスマスリース

縦長サイズでリースを描いたら？という発想から生まれた一枚。赤いリンゴとリボンの装飾が印象的で、とても気に入っています。

86. 数字のシーリングスタンプ

切り取って使える数字のシリーズです。「手帳デコ」に便利なように、1～31の数字をそろえてデザインしました。

87. リボンだらけ

「手帳デコ」に使えるよう、パーツごとにカットできるリボンを集めました。ラッピングのコラージュにも活用できそうです。

88. アルファベットから浮かぶイラスト

一度描いてみたかったアルファベットの絵を形にしました。唯一迷った「Q」は、モーニングでキッシュを食べた瞬間にひらめきました。

89. スタンプ図案切手にイン

スタンプの線画イラストが切手モチーフに。銀刷りが新鮮なデザインで、ミニスタンプで色を足したり、カットしてアレンジしたりできるようになっています。

90. ひとことスタンプ図案

気分を一言で伝える「ひとことスタンプ」が図鑑のようにずらり勢ぞろい。今日の気分で楽しく選んでください。

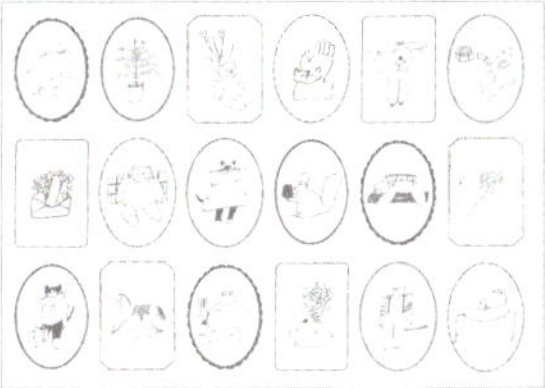

91. スタンプ図案 フレーム添え

2024年に始めたラバースタンプの初期作品を、手描きのフレームにそっと収めて並べてみました。

92. カゴを持つクマとリボンのクマ

スタンプ図案をつくる時は、「書き加えたくなる」絵を意識。カゴを持つクマは皆さんが山盛りにしてくださり、見つけるたびにクスッとしています。

93. スタンプ図案 ヘキサゴン

2024年に始めたラバースタンプの初期作品をヘキサゴン形に並べてまとめました。お気に入りの雰囲気がより引き立った気がしています。

94. リボンとクマ

リボンとクマをテーマに包装紙を思い描いて制作。仲間を呼ぶクマと、新体操をするクマが好きな雰囲気になりました。

95. 日常を愉しむおじさん達

バイト休憩中や猫に慰められている…など、日常を愉しむおじさんの光景を集めました。裏面は「おじさんメガネ」の総柄です。

96. クレープ クマのトッピング添え

苺チョコクレープを描くうちにチョコ色から連想が広がり、「クマのトッピング添え」として仕上がったイラストです。

97. クマとギンガムチェック

クマの線画を集めて総柄にしました。クマとギンガムチェックは相性が良く、最強の組み合わせだと思っています。

98. スタンプ図案 クラフトペーパー

最近手がけたスタンプの図案です。決まったサイズから絵を起こす作業が好きで、横長の枠から「リスのスリーポイントシュート」が生まれました。

99. デコに使いたくなる日常の言葉

「手帳デコ」で使いたい一言を吹き出しに集めました。裏面は自分で描いたり、お気に入りのスタンプを押したりして楽しめます。

100. クマと花

シルクスクリーンプリントの商品で人気の「クマと花」柄。各パーツの絶妙な配置がしっくりくる、思い入れの深いデザインです。

トビマツショウイチロウの世界
100枚レターブック

2026年2月11日　初版第1刷発行

著者　トビマツショウイチロウ
デザイン　石田百合絵／塚田佳奈（ME&MIRACO）
翻訳　木下マリアン
撮影　松村大輔
作例制作　青木美菜子
校正　株式会社ぷれす
編集　及川さえ子

発行人　三芳寛要
発行元　株式会社パイ インターナショナル
〒170-0005　東京都豊島区南大塚2-32-4
TEL：03-3944-3981　FAX：03-5395-4830
sales@pie.co.jp

印刷・製本　アベイズム株式会社

〈使用上の注意〉
製本には十分配慮しておりますが、紙を剝がしやすくする仕様上、
繰り返し開閉することで、本体から紙が剝がれる場合がございます。
ページをしっかり開き、紙をゆっくり引っ張るときれいに剝がせます。
使用する筆記具によっては、インクがにじんだり、乾きにくい場合がございます。

「100枚レターブック」特設サイトで
レターブックの取扱店舗一覧、使い方を
紹介した連載などをご覧いただけます。
最新情報をお届けするメルマガもぜひご登録ください。

「100枚レターブック」は株式会社パイ インターナショナルの登録商標です。
登録商標第5921106号

ISBN 978-4-7562-6052-9　C0070

Printed in Japan

ご注文、乱丁・落丁本の交換等に関するお問い合わせは、小社までご連絡ください。
著作物の利用に関するお問い合わせは以下をご覧ください。
https://pie.co.jp/contact/

The World of Tobimatsu Shoichiro 100 Writing & Crafting Papers

PIE International Inc.
2-32-4 Minami-Otsuka, Toshima-ku, Tokyo 170-0005 JAPAN
international@pie.co.jp
www.pie.co.jp/english

ISBN 978-4-7562-6113-7 (Outside Japan)
Printed in Japan

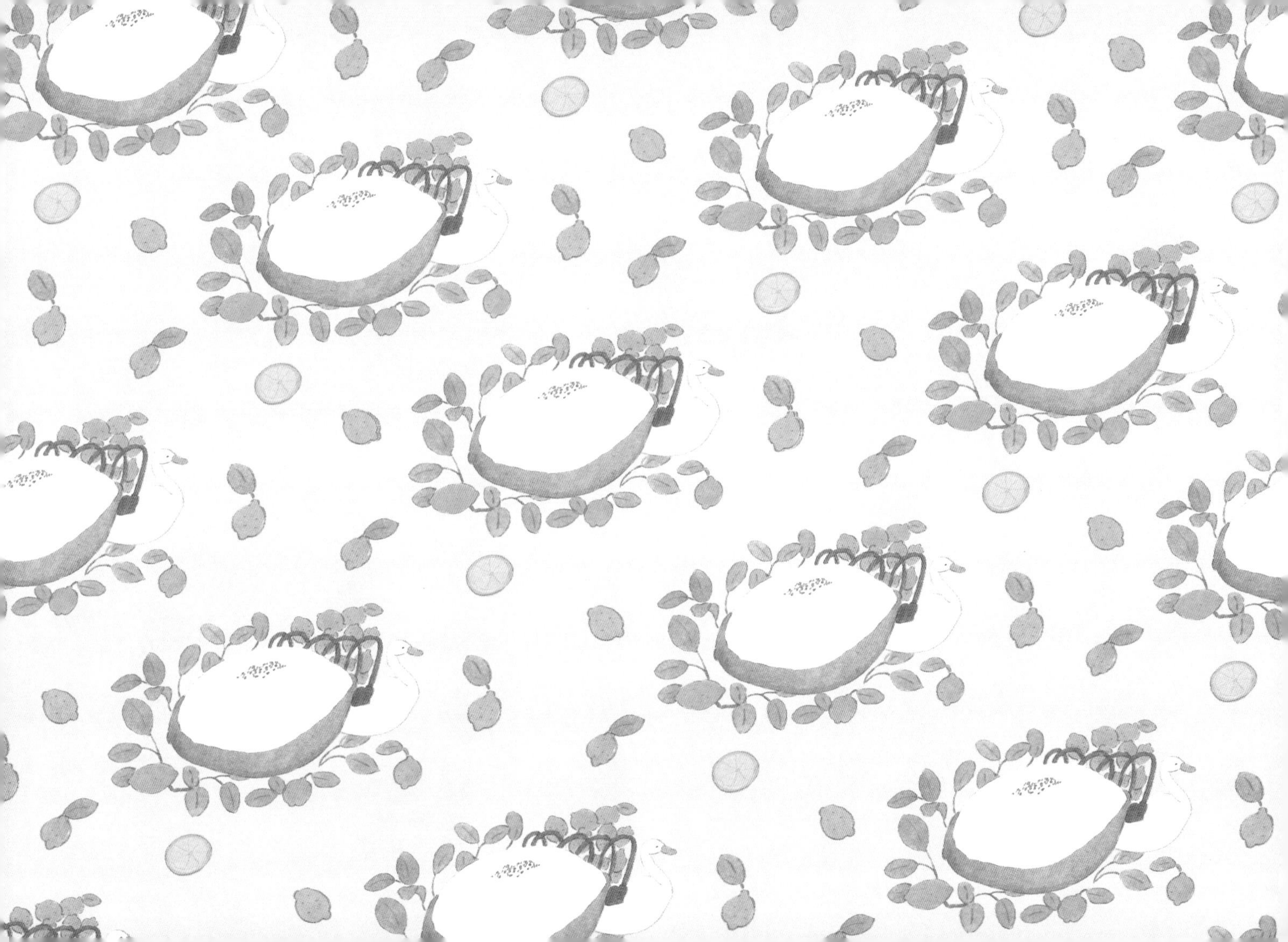

flower & garden

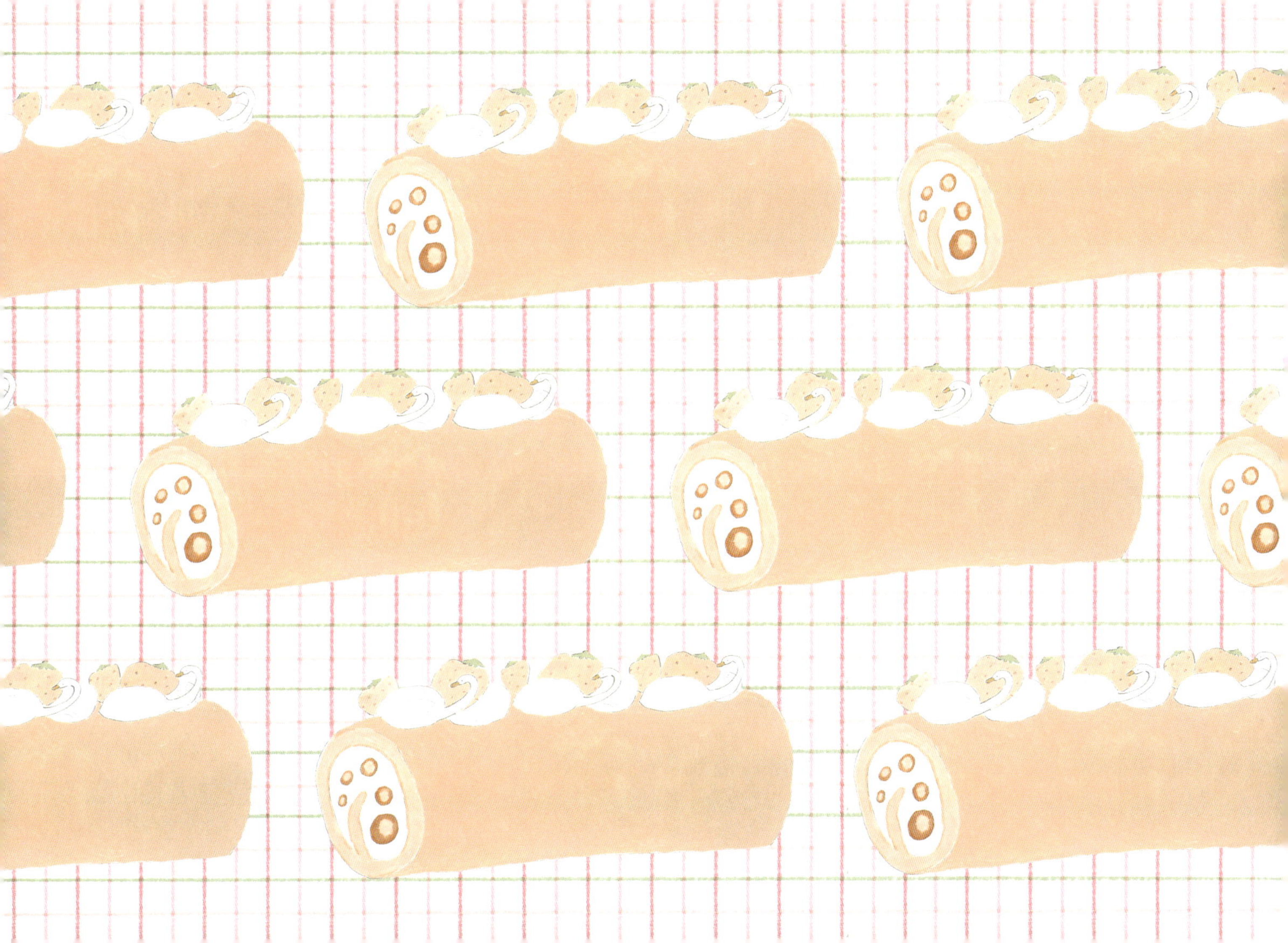

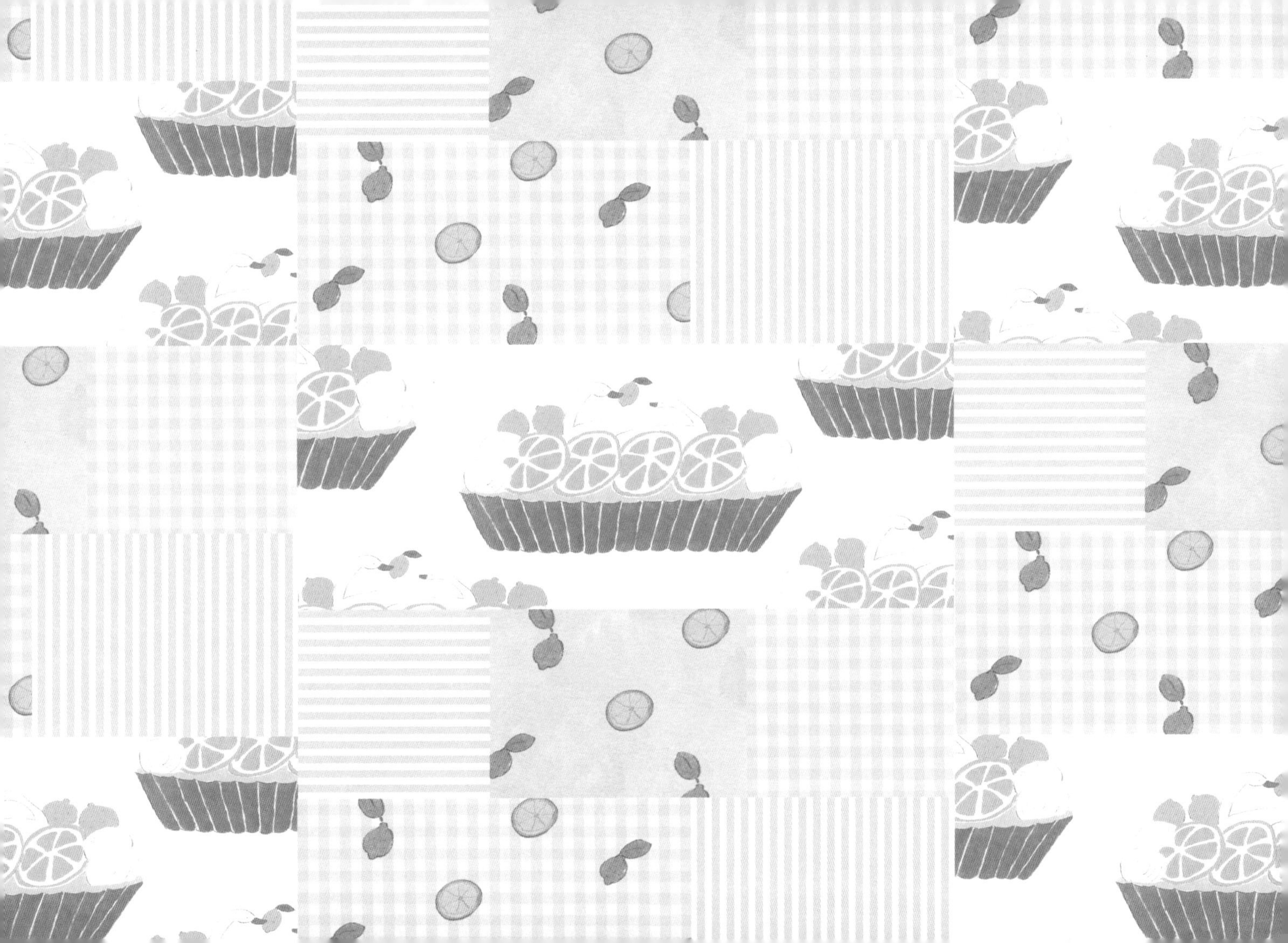

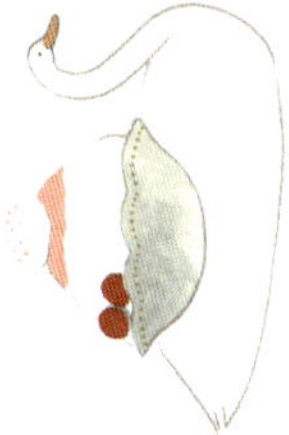

ice cream

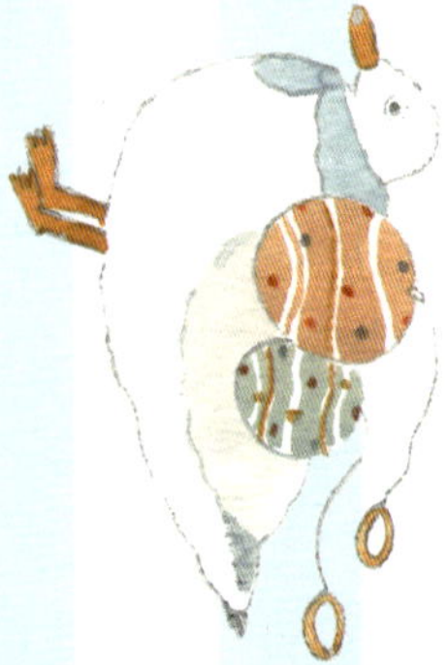

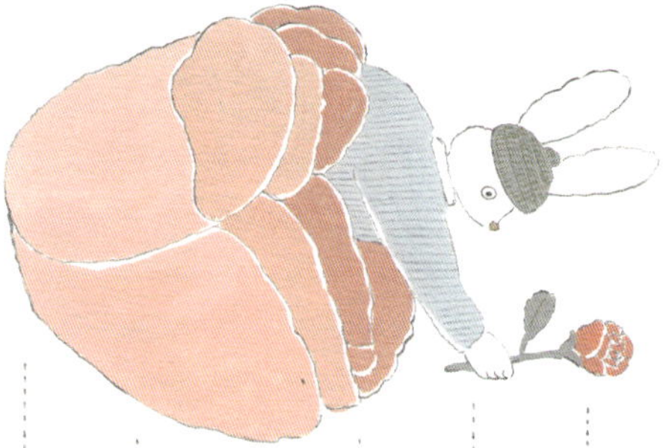
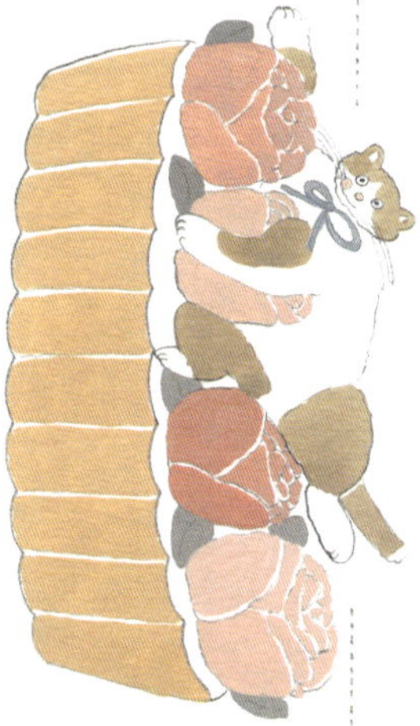

To

From

Happy Birthday

To
From

Saveurs
en
Douceur

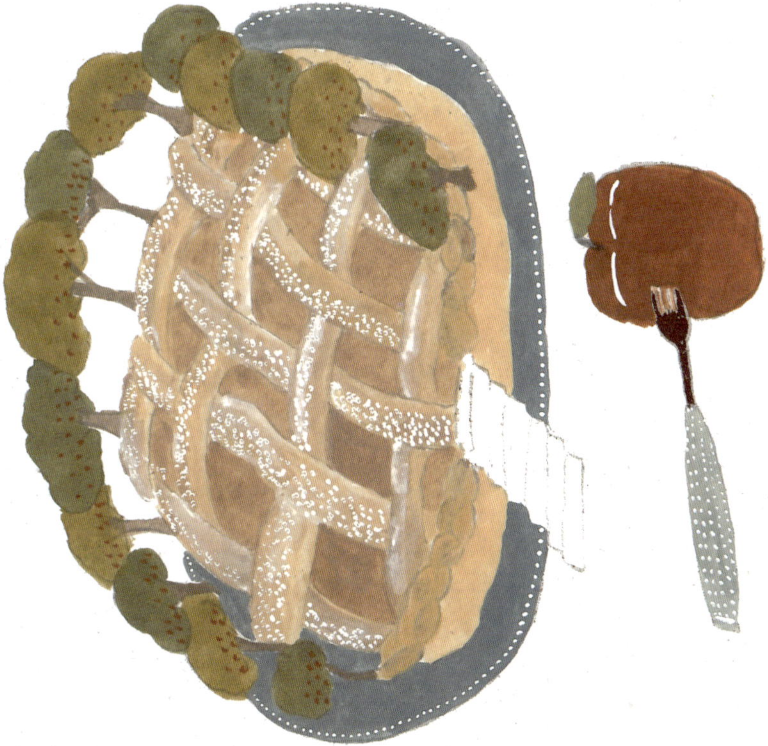

ink
bread

ink
bread

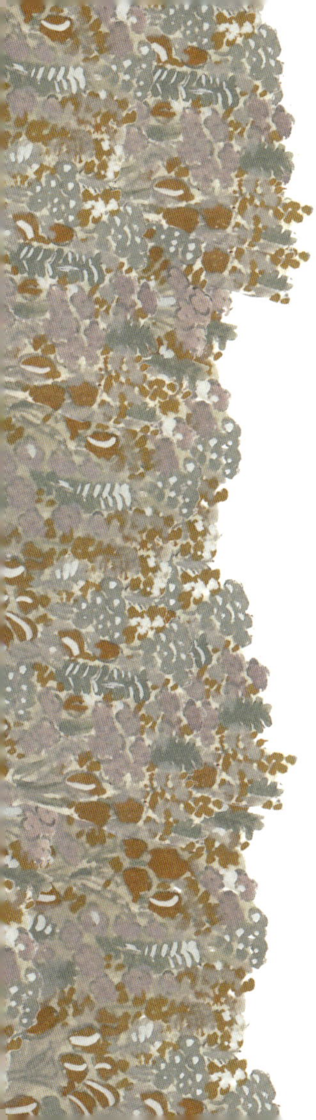

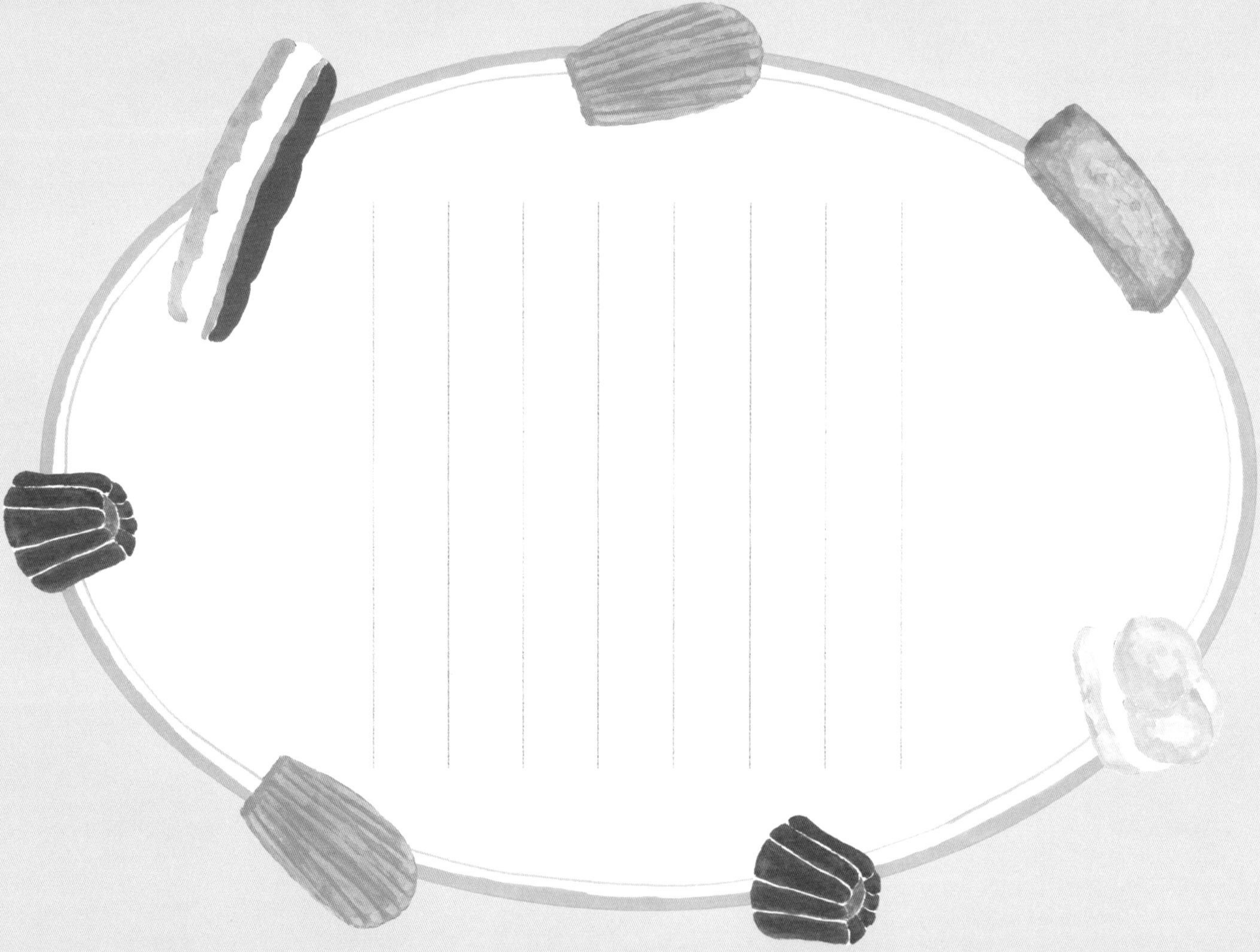

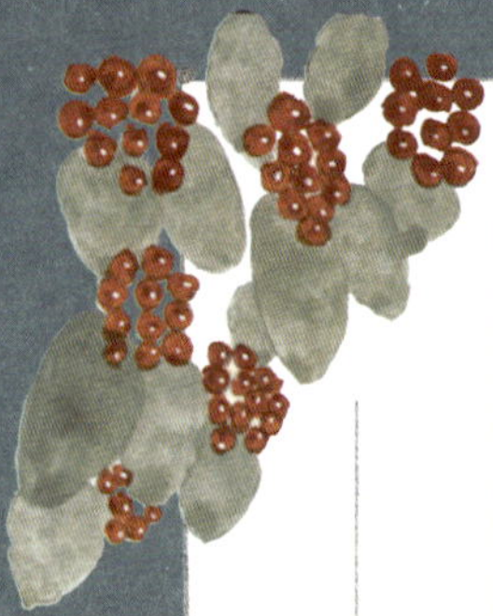

ink
bread

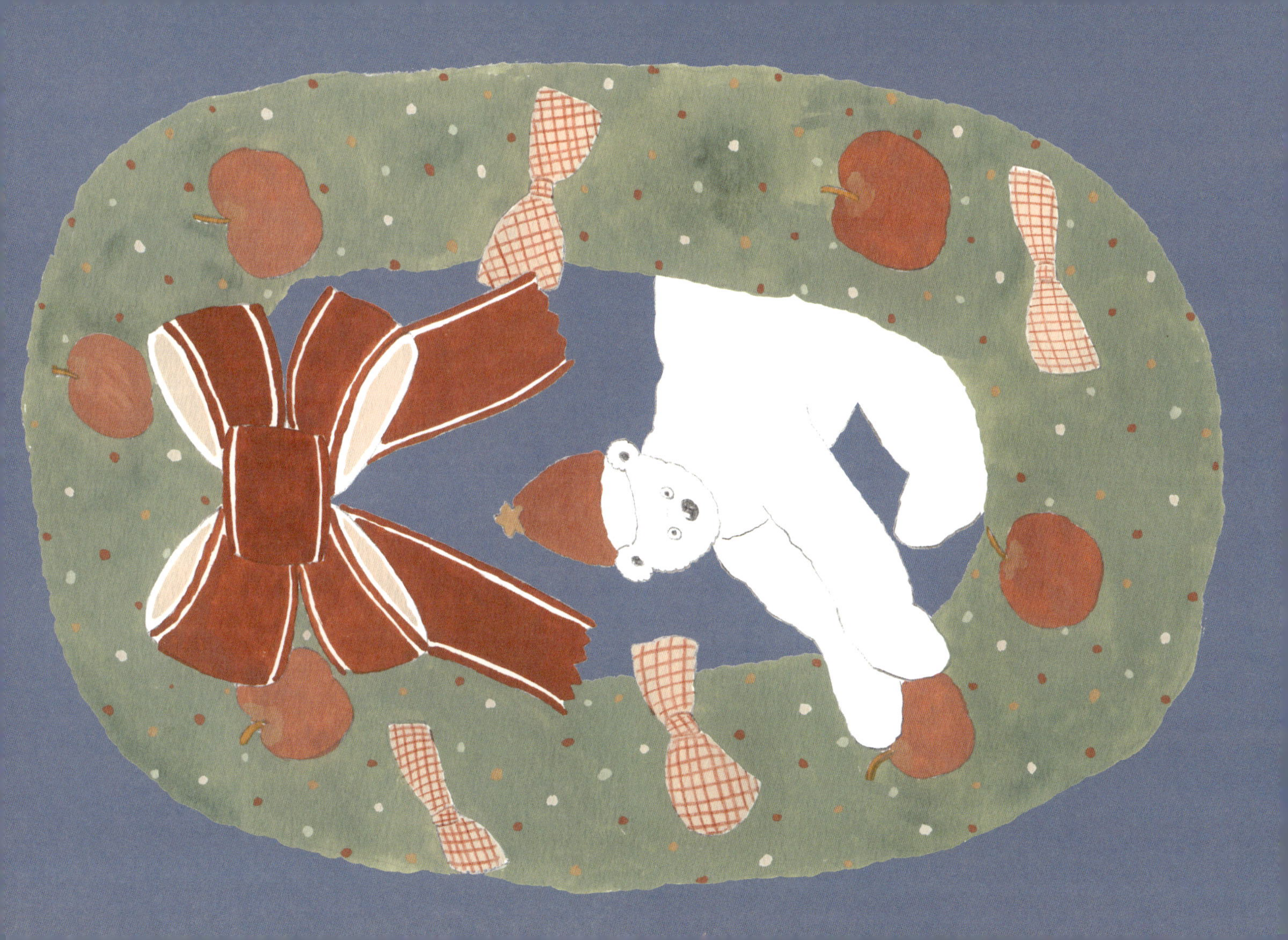

1 2 3 4 5 6 7 8
9 10 11 12 13 14 15 16
17 18 19 20 21 22 23 24
25 26 27 28 29 30 31
1 2 3 4 5 6 7 8 9 10 11 12

A
B
C
D
E
F
G
H
I
J
K
L
M
N
O
P
Q
R
S
T
U
V
W
X
Y
Z

Biscuit
Biscuit

めでとう!
100点
okawari
thank you!
ひみつ
あら!
ほっと ひといき
がんばる!
めがね
LOVE
なんていい日!
完全オフ
白黒つけたい
Shopping
じぶんをほめたい!
なにもしない
good idea!
offの日
zzz
とける
あつい
今日やること
ダイエットは

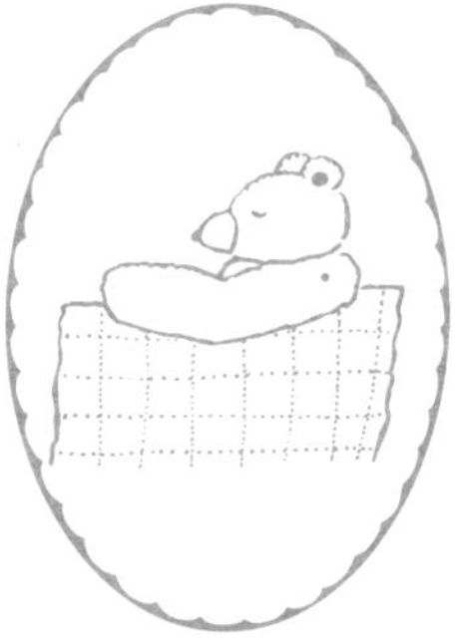

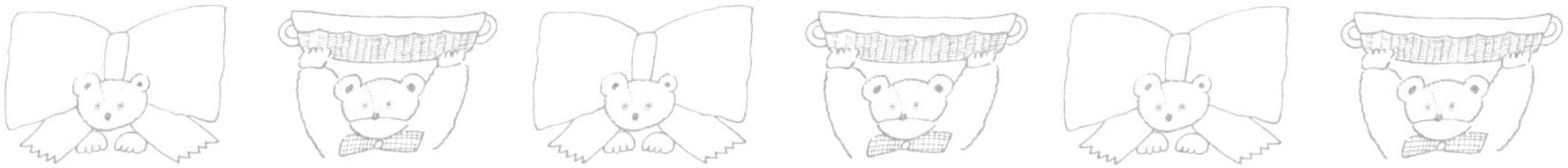

大丈夫!

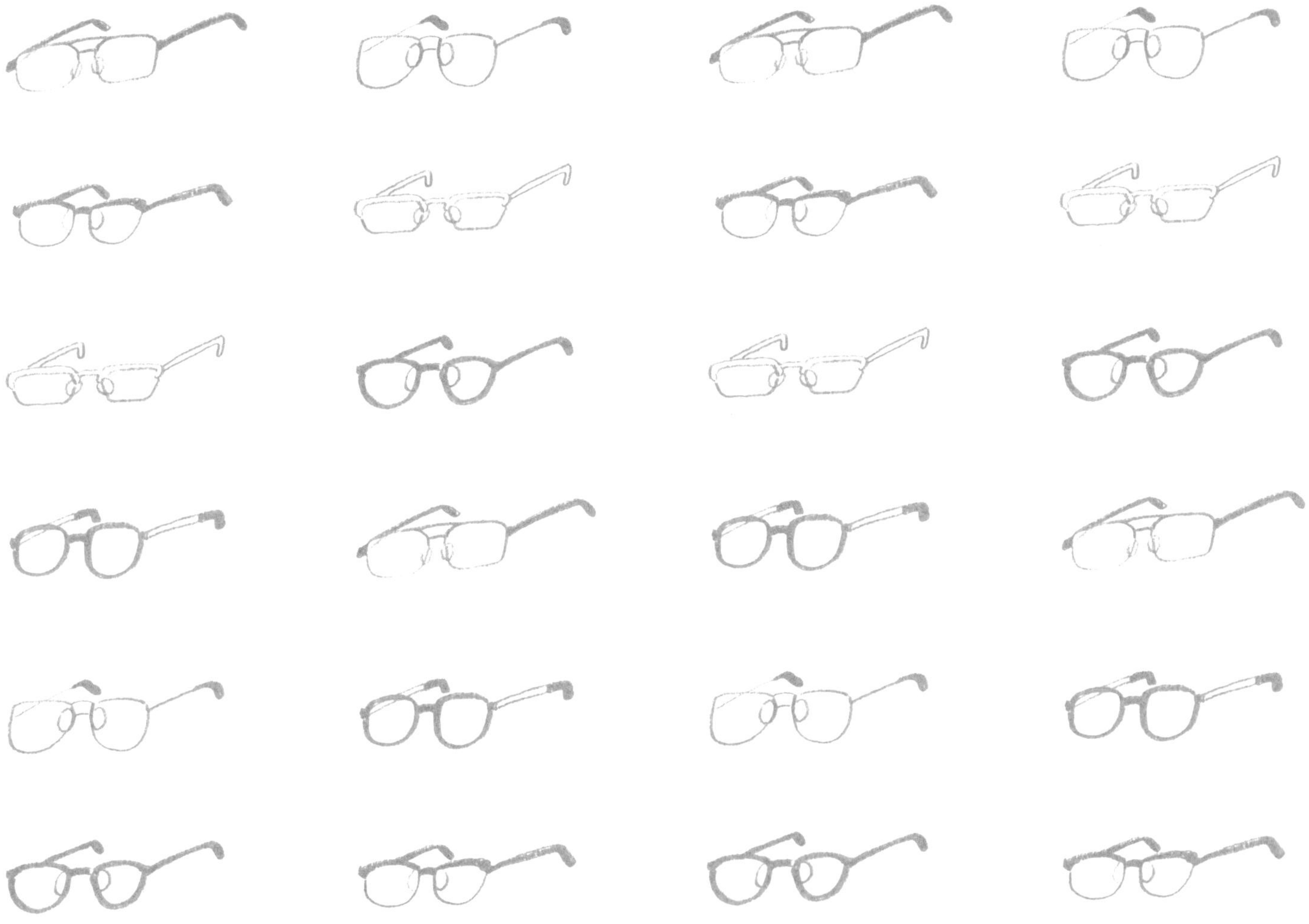

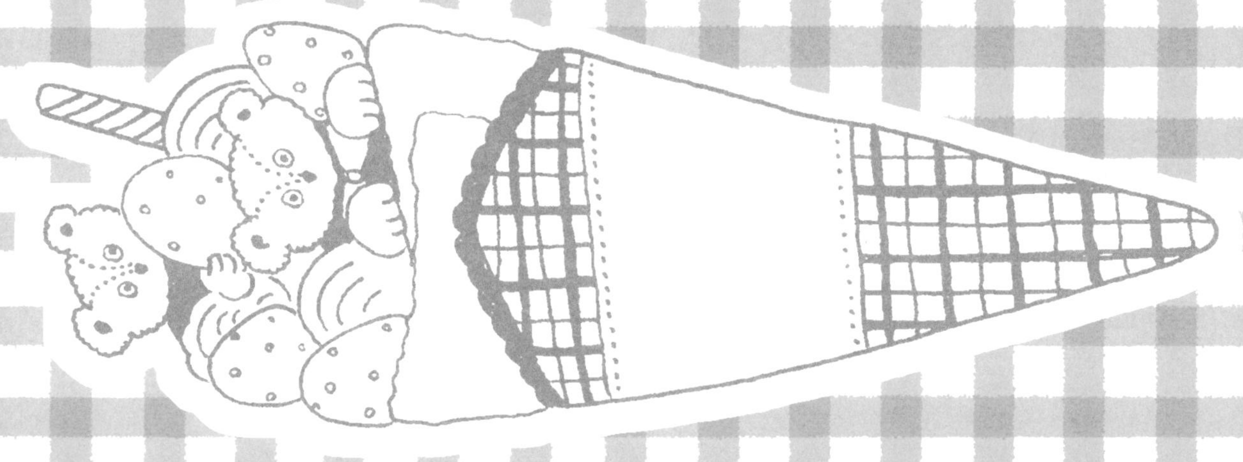

BISCUIT
BISCUIT
BISCUIT

My schedule
Today's plan
Happy Birthday
Shopping
Special
Today's feeling
Good idea!
Don't forget
Happy
To
From
My favorite
Hello
My schedule
Congratulations
Little memo
News!
Happy list
cut!